A TOUS LES HOMMES

UN

RAYON DE LUMIÈRE

EN ATTENDANT UN

BEAU SOLEIL

PARIS

CHEZ LES MARCHANDS DE NOUVEAUTÉS

1848.

Si ce petit écrit, qui était près d'être imprimé le 8 avril, eût été abondamment distribué et lu, combien de milliers de souffrances n'eussent pas paru? Mais le poison de l'indifférence, qui était jeté à flots sur l'esprit de ce pauvre peuple, nous a fait retarder; puis l'état de siége, et, depuis, une espèce de terreur. Et malgré ces retards, le pauvre petit écrit (malheureusement) pourra encore bien des fois être très-utile.

De tous les hommes qui foulent la terre, aucune nation comme la pauvre France, depuis soixante ans, n'a subie autant de gouvernements.

Mais aussi, c'est qu'il n'y a pas sur la terre une nation comme la France, où le peuple s'estime si peu, puisqu'il n'a pas encore cru valoir assez pour s'assurer des vils misérables qui l'ont si infâmement trompé.

Que les hommes qui désirent changer la France en une belle et heureuse patrie, préparent donc au plus vite un avenir qui ne permet à personne de regretter le présent.

Pauvre France ! pauvre patrie ! pauvre peuple ! en quelles mains as-tu mis tes belles destinées ! tes riches espérances!

En 1814, lorsque tu étais encore le plus vaillant, le plus valeureux, le plus fort, le plus riche de tous les peuples, lorsque tu n'avais plus besoin que de quelques journées de courage, de dévouement pour tuer la guerre et former l'union de toutes les nations qui aspiraient au même bonheur en jetant tous les gouvernements, ennemis de la race humaine, dans l'impossibilité de faire troubler les hommes par des hommes.

Il est bien connu de tout le monde qu'en 1814 les alliés ne sont pas venus en France par la confiance en leur courage, mais attirés et protégés par des infâmes Français, ennemis de notre patrie ; que plusieurs fois dans cette campagne les princes alliés ont pu être nos prisonniers, qu'ils n'en ont pas échappé par leur sagesse, mais par l'infâme brigandage des faux serviteurs de celui qui en ce temps était le plus grand des hommes.

Mais aussi, toi, peuple français, en ce temps pour quelques journées de petites disgraces, ouvrage des traîtres de ta pauvre patrie, tu es tombé dans le découragement et devenu le plus lâche des peuples.

Car les armées de la coalition avaient été cent fois

battues; et pour ne pas ressembler aux Français d'espérance, de courage, il se sont soutenu ; et en vingt années de combat, ils n'ont pas une fois livré prisonnier un empereur ni un roi!!

Et pendant les quinze années que tu as supporté non pas patiemment mais bien lâchement le joug humiliant des Bourbons, tu n'as pas eu le courage de former une brave société, pour délivrer celui qui pouvait rehausser ton nom diffamé ; et, de même que son père, par toi le fils a été oublié.

En 1830, pauvre nation ! tu valais encore si peu que tu n'as pas cru valoir assez pour t'assurer qu'en te laissant vendre et livrer, ce qui pourrait advenir de tes destinées.

C'est en ce moment que les peuples ont conçu un bien juste mépris pour notre pauvre nation, puisqu'il est naturel que le peuple qui a besoin d'un chef doit choisir l'homme le plus religieux, le plus sage, le plus savant, le plus courageux.

Alors les étrangers se disaient : « Ce peuple est donc tombé dans la plus basse dégradation, si dans ces trente millions d'individus il ne se trouve pas un homme qui vaut plus que cet infâme Philippe de l'égalité qui, déjà, chargé de mille et des crimes, fils d'un monstre extraordinaire, d'un renégat, d'un régicide ? etc., etc.

Il n'y a pas encore un an que la famine existait pour au moins le quart du peuple français, et que les criminels auteurs faisaient couper les têtes des malheureux qui souffraient.

Condamner un peuple au martyr de la faim et faire passer l'or de ce crime en pays étranger, c'est bien l'infernal crime de lèse-humanité ! de lèse-nature ! de lèse-patrie ! et toi, peuple engourdi, tu as vu ces choses avec indifférence ; puis arrivé en 1848 , après avoir passé dix-sept années de dégradation , d'esclavage, d'oppression, tu te trouves encore dans l'enfance, dans l'idiotisme le plus désespérant ; arrivé aux trois jours de Février, que des hommes rusés, pour te cajoler, nomment les trois grandes journées du peuple.

Mensonge !

Moi, je les nomme les trois jours de la peur : peur chez le gouvernement, peur chez les militaires, peur chez le peuple ; car ce dernier était surpris de cet appareil de guerre et de mort, son silence était morne ; il ne criait pas comme en 1830 : A bas les Bourbons ! vive Napoléon II ! vive la République !...

C'est le doigt de Dieu qui a tout changé ; souviens-toi lors de l'abandon des Tuileries ce que te disaient les misérables qui ont protégé la fuite du roi criminel, de son infâme nichée et de ses vils ministres : « Qu'il est bon ! qu'il est magnanime !
» qu'il est grand ! qu'il est généreux ! qu'il est dé-
» sintéressé ! ce digne peuple français ; il n'a pas
» voulu arrêter ces criminels et farouches ennemis ;
» il a même méprisé ces trésors, ces monceaux d'or
» formés des sueurs des mille misères et du sang
» de ce fier peuple. Vous serez l'admiration de
» toutes les nations ; vos ennemis vous en auront
» de grandes reconnaissance. »

Et pourtant plus l'ennemi que l'on combat est à craindre, plus on doit agir pour le faire prisonnier ; comme jamais homme n'a combattu un ennemi plus à craindre que Philippe et ses ministres. C'est donc par une menée bien criminelle qu'on les a fait échapper, comme on a jamais vu renvoyer des prisonniers sans leur retirer leurs armes : on sait à peu près ce qu'ils tenteront de nous faire éprouver avec les centaines de millions que nous leur avons laissés en main.

Mon Dieu ! mon Dieu ! prends encore une fois pitié de ce pauvre peuple souffrant et innocent ! quelle infâme moquerie ! n'est-ce pas comme s'il disait : Bon peuple, tu n'a pas voulu arrêter tes enne-

mis ni leurs trésors, tu'n'a même pas voulu les pri-
ver du grand plaisir pour eux de se venger, de te
rendre pauvre de plus en plus, de faire tomber
tout le commerce, d'arrêter tous les travaux, d'al-
lumer, avec l'or que tu lui a laissé, toutes les discordes, la guerre civile, de t'apprendre à mourir
de faim, en envoyant ta nourriture aux Anglais,
les bons frères de ton gouvernement républicain.
Voilà, en peu de mots, ce que signifie les perfides
paroles que tu as trouvées si belles, quoique sortant
des bouches impures des hommes qui ne seront jamais républicains.

Je défie qu'on me prouve qu'on peut protéger
un criminel sans participer au crime; je sou-
tiens que l'homme qui donne sa confiance au pro-
tecteur du crime mérite d'être esclave; or, ceux
qui ont protégé la fuite des quinze individus qui
auraient pu nous restituer au moins un milliard,
qui ne manquera pas de devenir entre leurs mains
une arme infernale, et qui nous auraient évité des
malheurs épouvantables, en échange des jouissan-
ces que nous avions droit d'espérer; ces hommes
sont plus coupables que les voleurs qu'ils ont fait
échapper : car ces trésors venaient du peuple et
lui appartenaient de plein droit.

Souviens-toi encore, dans les trois et quatre
premiers jours de février, ce que te disaient les

faux républicains : « Peuple, la peine de mort est abolie, mais fusille les voleurs, ceux, bien entendu, qui n'ont pris que cinq ou vingt francs, et toi, sans t'enquérir pourquoi cet homme est voleur, sans réfléchir que des délits et des crimes c'est l'auteur qui doit être puni, sans prendre la peine de dire si l'éducation ne t'a pas manquée. Si à ton premier égarement on ne t'avait pas mis avec des maîtres-voleurs, tu serais sans doute honnête homme.

Mais toi, peuple, sans y penser, tu fais l'office d'un bourreau qui tue celui qui ne lui a jamais fait de mal.

Et quoiquè les perfides républicains qui te conduisent feignent de vénérer le Christ, le seul maître des vrais républicains, quoiqu'ils sachent bien qu'il a dit : Celui qui se sert de l'épée périra par l'épée, et que dans un autre passage de la sainte Écriture (en parlant des ennemis de l'humanité), rendez-leur le mal au double de celui qu'ils vous ont fait, ils n'en ont pas moins travaillé à sauver les monstres qui se préparaient à détruire le quart ou le tiers de la nation française par le canon, les balles, les baïonnettes, et le reste dans les prisons.

Dans les premiers jours de ta prétendue victoire, ton misérable gouvernement provisoire annonçait dans ses feuilles que 300 millions avaient été trouvés dans les caisses du Trésor ; qu'avec les revenus courants il pouvait faire face aux dépenses, et même soutenir la guerre si elle éclatait.

Et pourtant, quoiqu'il n'y ait plus de liste civile ni de ministres à payer, que les bandes de mouchards et de bourreaux doivent être chassés, on n'en a pas moins mendié plus, depuis la chute du gouvernement, que dans son règne de dix-sept ans.

Il y a environ trois ans qu'on a essayé de faire croire au peuple que Louis-Philippe serait le seul bon trésorier de la Caisse d'épargne ; mais, heureusement, le Dieu des pauvres les a inspirés, et, par leur épouvante, le voleur s'est retiré. Qui donc oserait entreprendre de prouver qu'il n'y a pas d'aussi rusés voleurs dans le gouvernement d'aujourd'hui ? (A la date de ce jour, 8 avril, nous comprenons que L.....-P....... n'était qu'un apprenti.)

Il est trop connu depuis longtemps que le chômage a jeté des masses d'ouvriers dans le besoin ; eh ! qu'importe ! on leur mendie des journées, quoique leurs femmes et leurs enfants soient dans la plus grande nécessité. Un grand nombre de malheureux à qui il était dû de faibles sommes pour avoir monté des gardes très-fatigantes ; eh bien, par des paroles magiques d'ombre de patriotisme, ils les ont abandonnées.

On offre aux personnes qui voudraient avoir le plaisir de porter leur argenterie à la Monnaie, de la leur échanger à l'instant pour une partie en argent, et le reste en bon papier. On invite à faire des dons au gouvernement provisoire, pour prouver qu'on est bon républicain. On invite de payer des trimestres de contribution d'avance ; mais si tous les contribuables s'avançaient, avec quoi le vrai gouvernement (qui sans doute tôt ou tard nous arrivera) pourrait-il donc vivre ?

Depuis déjà bien des années on a troublé l'esprit des ouvriers avec des mots inexplicables, comme : Organisation du travail, association du travail, etc. Les hommes qui ont écrit sur ces matières, ou sont méchants, ou sont dans l'erreur ; mais ils ne pourront jamais réparer les dommages qu'ils ont faits aux ouvriers et aux maîtres.

Si, depuis dix ans, toutes les maisons de fabrications qui sont tombées avaient eu pour associés tous leurs ouvriers, ces derniers seraient cependant encore plus pauvres aujourd'hui ; car ils n'auraient rien mis à la Caisse d'épargne.

Bons et pauvres ouvriers, priez donc votre fameux gouvernement provisoire d'être plus sage, moins mendiant, et d'être assez honnête pour inspirer la confiance, seul moyen de rendre la vie au commerce. Priez-le aussi d'envoyer des travaux dans les ateliers, et les maîtres comme vous seront satisfaits (8 avril).

Pour changer l'avenir des ouvriers, il est de rigueur que tous les droits qui pèsent sur les objets d'indispensable nécessité, fussent abolis ; puisque la nature, la mère de tous les hommes, a mis suffisamment sur la terre pour rendre la vie heureuse à tous ses enfants.

C'est un grand crime que de faire payer chaque jour le droit de vivre. (Dans les six premières années de la République française, nul droit n'a été payé sur les nourritures, quoiqu'elle ait eu quatorze armées sur les bras.)

Lors des vendanges de 1847, que les vins et les cidres étaient d'une abondance extraordinaire, le pauvre peuple disait, il faudrait à présent une bonne révolution, et qu'on abatte les droits sur les boissons. De ces deux souhaits, le malheureux peuple en a encore un à obtenir ; il y aurait malheur à lui refuser, ce serait se moquer de la bonne providence qui a prodigué les liquides, pour réparer les corps délabrés par les privations de l'affreuse cherté, un des crimes du gouvernement déchu.

Il faudrait au plus tôt supprimer toute espèce de

droits sur les vins, les cidres, les bières, qui ne passent pas le prix de 20 fr. l'hectolitre rendu chez les consommateurs ; et, passé ce prix, il payerait 20 c. par franc.

Les viandes de belle qualité, seulement les derrières de bœuf, de veau, de mouton, payeraient 10 ou 15 c. par kil.; et les devants, les petites viandes, tels que bœuf, vache, veau, mouton, peu gras et déjà vieux, seraient exempts de tous droits, ainsi que les viandes de porc, de dinde, d'oie, de lapin, parce que c'est la nourriture de l'ouvrier et du petit commerçant.

Parce que la lumière est le premier bienfait du Créateur, c'est donc aussi un grand crime de faire payer le droit de respirer l'air par les fenêtres et d'y voir clair, puisqu'on ne peut travailler sans y voir, et qu'on ne peut vivre sans travailler, on doit donc au plus tôt effacer ce monstrueux droit.

Mais aussi pour entretenir le Trésor seulement, les rideaux de toile absolument unis ne payeraient aucun droit, et les rideaux brodés, festonnés, payeraient 5 fr. par fenêtre, les grands doubles 10 fr., et les dorés 15 à 20 francs.

Toutes les étoffes, draps de laine, de soie, pour habillements d'hommes, de femmes , qui passeraient 5 fr. le mètre, payeraient 25 à 30 c. par franc.

Les châles seraient soumis au même droit.

Les chapeaux d'hommes, de femmes, au-dessus de 10 fr., payeraient de 25 à 30 c. par franc.

Les bottes au-dessus de 10 fr. payeraient 25 à 30 c. par franc, ainsi de tout autre chose qui représente du luxe et dont on peut se passer.

Les chevaux de carrosses, de cabriolets, de montures, payeraient suivant la richesse des villes.

Les voitures à tant du cent de leur valeur, c'est le prix du fabricant qui servirait de guide ; 5 fr. du cent ne devraient pas être trop.

Les chiens de fantaisie pourraient être taxés de 10 à 15 fr., suivant la richesse des villes ; les chiens pour garde des cours, des ateliers, des chantiers, des magasins, payeraient 10 fr. à la ville, 5 fr. à la campagne, ceux de charretiers 3 fr., de pâtres, de bergers, 3 fr.

Du moment que les chiens seraient reconnus une propriété garantie contre les mauvais traitements des étrangers et des voleurs, en prenant la

peine de les instruire, on pourrait en retirer d'é-
minents services ; mais il faudrait défendre de les
atteler, parce que ce travail les exposent à la rage
(je propose de donner les moyens de garantir de
cette terrible maladie, les hommes et les animaux).

Comme il y a des hommes plus savants que moi,
qui ont travaillé à trouver des moyens d'impôts équi-
tables, on pourra les consulter ; mais, pour ma part,
j'ai des moyens de faire tomber dans le Trésor, au
moins deux cents millions, et qui se payeraient
avec plaisir , parce qu'ils enrichiraient les contribuables.

Si le pauvre Gouvernement provisoire savait, je
dis pauvre, parce qu'il ne cesse de mendier, donc
il est pauvre ou incapable ; il est au moins pauvre
d'humanité , c'est-à-dire peu sensible aux cris de
chaque jour, millions de fois répétés par les victi-
mes de l'horrible pauvreté , que les membres du
pauvre Gouvernement n'ont pas eu souvent l'occa-
sion de contempler , je le crois aussi pauvre de
génie ; heureusement pour lui , car il n'y aura
que son incapacité bien prouvée qui pourra lui
épargner les peines méritées , pour ne pas avoir
bien géré.

S'il savait, dis-je, qu'il y a en France des
millions de familles qui n'ont pas chaque jour

un morceau de pain grossier à manger ; qu'il n'ont
pas une once de graisse pour assaisonner un mauvais potage ; et qu'avec un litre de petit vin qui,
sans impôt, ne pourrait valoir plus de 10 à 15 cent. ;
ou un litre de cidre ou de bière qui ne coûterait,
cette année, que 5 à 6 cent. le litre ; et du pain
qu'on pourrait donner à 15 cent. le kil., que les
pauvres travailleurs, les femmes souffrantes et les
chétifs enfants, pour soutenir leurs débiles santés,
se trouveraient, comme on dit quelquefois, plus
heureux qu'un roi.

Or, c'est comme si je disais, s'il ne sait pas
il est trop ignorant ; s'il sait, il est trop méchant.

Je crois qu'il est bien permis de murmurer contre cet état de chose, quand on se souvient que
le grand Napoléon faisait la guerre aux Anglais
pour obtenir la liberté des mers, au profit de
toutes les nations, et pour secouer le joug des
droits onéreux qu'il forçait de payer, quoiqu'il
n'exigeait que le tiers des valeurs ; et, nous à Paris,
dans la ville des lumières, la reine de la civilisation,
on paye 48 fr. pour une pièce de vin de 200 fr., de
500, de 1,000 et de 1,200 fr. ; mais aussi on paye
48 fr. pour une pièce qui ne coûte que 25 à 30 fr.

Quoi dire d'un gouvernement qui remplace celui qui avait plus de pudeur et moins d'audace.

Comme l'ignorance est la mère de tous les fléaux, et que le Christ, le vrai maître des purs républicains, a proscrit ce monstre (l'ignorance), en disant:

Vous ne mettrez pas la lumière sous le boisseau, mais bien sur le chandelier, afin que tous y voyent clair.

Il y aurait donc imprudence impardonnable de la part du Gouvernement provisoire de continuer à payer des prêtres, pour parler latin à des pauvres gens qui ne comprennent même pas assez le français, aussi de leur permettre de prononcer le mot mystère, puisque ce mot et ténèbres est le même; et que, par la sentence de Jésus qui chasse les marchands du temple, il leur fut expressément défendu de faire du temple une maison de trafique.

Comme la plus grande égalité existe à la naissance comme à la mort, il ne doit plus y avoir qu'un seul mode de sépulture, qui doit cependant être assez majestueux pour honorer le départ d'un frère; la seule différence qui puisse y avoir, c'est la conduite par un plus grand nombre d'amis.

Et pour prouver qu'on est bon chrétien, pour hono-

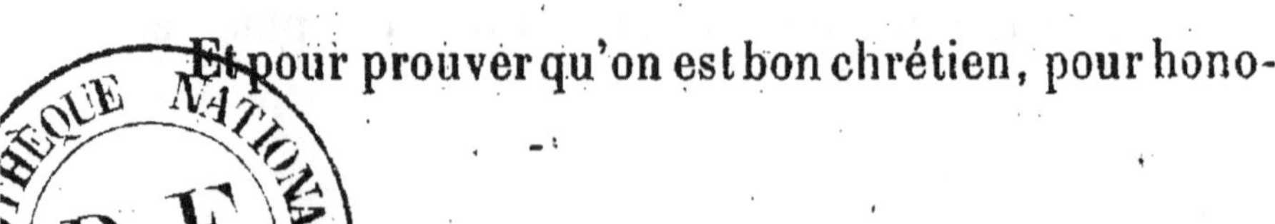

rer ces belles paroles du Christ, qui faisaient allusion à ceux qui quittent ce monde : Heureux, dit-il, celui de qui les pauvres plaideront la cause ; n'est-ce pas comme s'il disait, dans le cours de votre vie faites le plus possible de bonnes œuvres ; et, pour le jour de votre sépulture, faites assembler les pauvres , afin que de votre fortune ils reçoivent une partie de ce qu'ils ont besoin.

C'est la sépulture du vrai chrétien, du vrai républicain.

Comme il sera bien permis à nos lecteurs de nous demander ce qu'il aurait fallu faire à Paris, le 23 février, pour assurer à la République française un règne de bonheur, de paix, qui puisse être envié par tous les peuples de l'Europe.

Il aurait fallu crier partout et par milliers de voix : Arrêtez ! arrêtez ! Le... sa famille, ses ministres, ses préfets et tous ceux qui se sont enrichis avec lui; on les aurait logés tous dans la même chambre, par reconnaissance de ce qu'ils nous logeaient si bien au secret; on leur aurait enlevé leurs habits, jusqu'à la chemise, pour y trouver des notes secrètes, qui n'auraient pas manqué d'être utiles aux libertés qu'aspirent tous les peuples de l'Europe.

La paille ne leur aurait pas manqué, pas plus que

les bonnes nourritures, pour leur éviter les maladies.

Chaque jour on leur aurait fait faire à pied, aujourd'hui dans un quartier, demain dans un autre, une promenade comme au bœuf gras ; ils auraient été attachés trois à trois avec des petites chaînes , le... avec Hébert et Guizot à ses côtés, et le reste de sa bande, suivant leur mérite.

Il aurait été défendu de leur faire du mal, mais bien permis de les huer.

On leur aurait bien assuré qu'ils auraient à subir ce traitement jusqu'à la reddition du dernier franc qu'ils ont volé à la pauvre nation.

Tous leurs prétendus créanciers qui auraient osé réclamer, auraient été considérés comme voleurs et complices ; attendu qu'on ne doit faire crédit qu'à des honnêtes gens qui manquent d'argent.

Tout ce qui leur appartient aurait été confisqué et vendu le plus tôt possible, par morceau et petit lot.

Aucun membre des deux chambres, à l'exception de quelques-uns de l'extrême-gauche, et tous ceux qui ont été ministres, les libres-échangistes, tous ceux qui ont acheté, protégé les commerces

et industries étrangères, au détriment de notre na
tion, auraient été reconnus indignes de tout em-
ploi.

Ceux qui leur auraient donné des voix, de
même auraient été mis au rang des anti-nationaux;
et le milliard et plus qui aurait pu nous être rendu,
n'aurait pas servi à alimenter les discordes, établir
la guerre civile, et encourager les tyrans de l'Europe à étouffer les germes de liberté par le massa-
cre de leurs sujets.

Mais au contraire, ces centaines de millions auraient alimenté les ateliers et rendu la vigueur au
commerce.

On aurait envoyé cinquante mille hommes au
secours de nos frères d'Italie ; les Allemands, les
Polonais, les Suisses de bonne volonté auraient
grossis notre armée.

Mais il n'aurait pas fallu confier cette sainte mis-
sion à des généraux faits par Louis-Philippe.

Il n'y a de doute pour personne, que l'armée
d'Autriche n'aurait trouvé son salut que dans la plus
prompte retraite ; et que la République sociale et
fraternelle serait maintenant le seul gouvernement

de l'Europe, et ces faits seraient accomplis, sans les menées criminelles de divers misérables qui siégent encore dans ce qu'on appelle le gouvernement de la pauvre France (8 avril).

Si ces faits eussent été accomplis, nous n'aurions eu rien à craindre de la part des tyrans, qui ne peuvent guère faire de mal sans argent.

Louis XVI et Marie-Antoinette n'ont-ils pas été près d'un an emprisonnés, avant d'être livrés à l'échafaud ; quoique toutes les dominations de l'Europe étaient liguées contre nous, que leurs peuples fanatisés nous regardaient comme une nation ennemie de Dieu et gouvernée par des démons (il en est bien autrement aujourd'hui, puisqu'ils nous regardent comme leur étoile du matin), et pourtant ces fières têtes couronnées qui se donnent si bien le beau titre de frères, ne sont pas venus les délivrer. Il est bien prouvé que ceux qui nous font craindre la guerre étrangère, sont doublement criminels.

Ce sont les mêmes qui, dans les premiers mois de la République, salissaient les murs de leurs viles affiches, qui répétaient chaque jour :

Peuple, ayez confiance en votre goveurnement, ayez confiance en vos représentants, etc. etc.

Et toi, peuple engourdi, tu n'as pas l'instinct de comprendre que ces monstrueux mots n'ont pu être inventés que par l'esprit impur qu'on nomme jésuite-dominateur ou démon de l'ignorance, et qu'ils n'ont jamais pu être utiles qu'aux ennemis de toutes les classes.

Sans l'ignorance on ne peut faire tuer des hommes par des hommes.

Sans l'ignorance on ne peut faire croire que la confiance peut sauver ou amener le bonheur, puisque nul ne fut jamais trompé que par ce méchant mot confiance (puisque la nature nous a donné la lumière et des yeux pour y voir, ils sont bien punissables ceux qui sans voir veulent tout voir).

Confiance, c'est la massue dont se servent les tyrans pour écraser les nations ;

Confiance, c'est l'infâme talisman des ministres prévaricateurs ;

Confiance, c'est le démon qui sert les banqueroutiers, et qui a jeté mille familles dans l'indigence ;

Confiance, c'est encore le génie des faux Christs de toutes les religions, qui se sert de la bouche des prêtres impurs, ennemis de Dieu et des hommes, pour faire de la race humaine la plus souffrante, la plus dégradée des êtres qui foulent la terre.

C'est par la confiance que tant de milliers de vierges tombent dans l'ignominie, et engendrent des êtres qu'on peut nommer semence de crimes.

C'est par la confiance en la malheureuse et timide France, que la Pologne a subi, en 1830 et 1848, la tourmente qui n'a pas encore pu rassasier les vautours du Nord.

C'est par la même confiance que l'Italie est condamnée au même supplice, qui doit encourager les féroces tyrans à s'entr'aider à enchaîner leurs peuples et leur faire souffrir le supplice du vautour.

C'est enfin par la confiance que le pauvre peuple de France a mise et donnée à la cohorte de jésuites qui s'est glissée dans le Gouvernement provisoire, le Pouvoir exécutif, l'Assemblée nationale, que la dégradation, dans laquelle il est tombé, lui méritera peut-être la haine de tous les peuples.

Après avoir exposé les fautes innombrables du

Gouvernement provisoire, il est de mon devoir de signaler un règne qui, s'il avait eu une plus longue durée, aurait fait le bonheur de l'Europe entière.

Autant les mauvaises intentions doivent être méprisées et punies, autant les bonnes méritent d'être louées et récompensées.

Chez les Grecs, l'ingratitude était mise au rang des crimes, et de ces crimes sont pourtant tachés les Français qui ont oublié les immenses biénfaits accomplis, et que devait achever le grand Napoléon, au profit de toutes les nations.

Quand, bien jeune encore, il fut nommé, par des anciens, général en chef de l'armée d'Italie, il était déjà reconnu bien grand son génie ! Quand en ces mauvais moments la France était si pauvre, parce que l'indigne noblesse et le méchant clergé avaient enfoui ou enlevé tout l'or de la France, le jeune général n'étonnait pas seulement le monde par ses victoires, mais du secret qu'il avait d'envoyer à sa pauvre patrie des sommes énormes tirées des trésors de la tyrannique noblesse et du brigand clergé d'Italie.

Et pour ces grands exploits, les farouches du gouvernement de la République française, pour s'en débarrasser , l'envoyèrent en Egypte ; et, si des amis de l'humanité ne l'eurent rappelé pour arrêter les flots de sang qui coulaient, il aurait dans l'Orient rétabli le vrai paradis terrestre, qui n'aurait pas manqué de faire le tour du monde.

Alors il fut nommé premier consul, puis bientôt empereur. C'est à cette époque, qu'avec les centaines de millions qu'il rapporta des divers nations, il fit frapper pour tant de millions de pièces d'or et d'argent à sa belle effigie, que tout le monde vénérait comme un talisman.

Ce qu'il y avait comme de magique, c'est que les nations qui avaient fourni pour tant de millions de ces précieux métaux, étaient devenues plus riches qu'avant d'être vaincues ; et, ce qu'il y a encore d'étonnant, c'est que ces peuples, vaincus des millions de fois , ont regretté la domination de l'illustre vainqueur, qu'ils n'ont jamais oublié de vénérer.

C'est encore des semences du progrès qu'il a semé en ces pays, qu'il commence aujourd'hui à pousser des tiges ; et la colonne Vendôme, si improprement nommée, n'eût jamais été élevée, si l'homme oublié n'avait pas régné ; et, par la plus grande analogie qu'il y a de Napoléon avec le maître des vrais républicains, on voit que l'un et l'autre ont été envoyés de Dieu, pour préparer le bonheur de tous les hommes.

Que le Christ a été vendu par les siens, que des soldats romains furent ses bourreaux; que Napoléon a été aussi vendu et livré par son peuple, que les Anglais furent ses bourreaux; que l'un et l'autre moururent avec la même résignation , que l'un et l'autre ont pleuré sur leur patrie, et ont de même fait des vœux pour son bonheur; que Jésus a dit : Le ciel et la terre passeront, mais mes paroles ne passeront pas.

On peut donc espérer que ce que les deux envoyés de Dieu ont préparé, ne manquera pas de s'achever.

Il est aussi impossible de faire tomber le grand Napoléon dans l'oubli, que d'empêcher de vénérer celui de Jésus ; puisque dans tous les pays , les images des deux envoyés y sont multipliés à l'infini.

Qui , sans la volonté de Dieu , pourrait donc faire de tel prodige ?

Et ce beau titre encore que Napoléon a mérité,

en accomplissant avec Moïse et Jésus, la plus grande,
la plus sublime, la plus sainte *trinité* de législateurs
qui parut sur la terre.

Nous honorons comme prophète des hommes qui
ont parlé, nous dit-on, il y a quatre mille ans, et
celui-là qui a dit et fait pour le bonheur de toute la
race humaine, plus que tous les prophètes désignés;
celui-là que nous avons vu, qui nous a parlé; celui-
là qui, comme Moïse, nous a tiré de la terre de
servitude, nous a fait traverser le désert; et parce
qu'il n'était pas dans la nature du grand conducteur
de croire qu'il puisse y avoir parmi les siens, des
hommes assez féroces pour faire avorter la réalisa-
tion de ses grands et sublimes projets, qui devaient
de tous les peuples de l'Europe ne faire que comme
une seule famille, par la paix, par l'alliance des
souverains, par la protection du progrès, de l'in-
dustrie, de la liberté du commerce, de l'encoura-
gement de toutes les cultures, de la réunion de tous
les cultes, de la révision des lois, etc., etc.

Là, encore comme Moïse, qui n'est pas entré dans
la terre promise, mais l'a vue et montrée à son peuple, qui plus tard s'y est rassasié de toutes les délices
que peut procurer la terre à un peuple sage qui
croit en Dieu.

Et parce que les Hébreux honoraient Moïse,
le méditaient, et ne l'ont jamais oublié.

Alors, comme eux, honorons aussi le prophète
Napoléon; méditons ses œuvres et ne l'oublions
plus.

Mais ayons bien des sincères regrets de nos
coupables oublis, peut être que Dieu, qui l'aimait,
en sa faveur daignera encore une fois protéger la
pauvre et malheureuse France.

PARIS. — IMPRIMERIE DE WITTERSHEIM, 8, RUE MONTMORENCY.